CABALLOS

ANIMALES DE GRANJA

Lynn M. Stone

Versión en español de Aída E. Marcuse

Rourke Enterprises, Inc.
Vero Beach, Florida 32964

FOTOS
Todas las fotografías pertenecen a la autora del libro.

LIBRARY OF CONGRESS
Library of Congress Cataloging-in-Publication Data
Stone, Lynn M.
[Caballos. Español]
  Caballos / por Lynn M. Stone; versión en español de Aída E. Marcuse.
  p. cm. — (Biblioteca Descubrimiento — Animales de Granja)
  Traducción de: Horses.
  Incluye un índice.
  Resumen: Describe las principales características, las
costumbres, el medio ambiente natural de los caballos y sus
relaciones con el hombre.
  ISBN 0-86592-987-4
  1. Caballos—Literatura juvenil. [1. Caballos. 2. Materiales en
idioma español.]
I. Título. II. Series: Stone, Lynn M.
Biblioteca Descubrimiento — Animales de Granja.
SF302.S7618   1991
636.1—dc20   91-21349
                  CIP
                  AC

ÍNDICE

CABALLOS

Cuando no habían coches, tractores ni camiones, los estadounidenses dependían de los caballos (EQUUS CABALLUS).

Todavía hoy se encuentran caballos en las granjas del país, pero sus usos han cambiado.

A diferencia de otros animales grandes, criados mayormente por su carne, se tienen caballos por placer. En realidad, son pocas las granjas que los necesitan, pues los vehículos modernos los han reemplazado.

Los exploradores españoles introdujeron los caballos **domésticos,** o domados, en América hace unos 500 años.

Desde entonces, han sido muy importantes para las plantaciones, el transporte y la guerra.

Un tipo de potro

COMO SON LOS CABALLOS

Casi todos los caballos son grandes y fuertes, tienen cascos, colas y **crines** largas y ojos grandes.

Ya sean de trabajo o de **tiro,** los caballos son muy altos. Algunos miden casi 2 metros desde el suelo hasta los hombros y pesan más de 900 kilos.

En promedio miden alrededor de un metro cincuenta de alzada hasta los hombros.

Su pelaje puede ser negro, blanco, de distintos colores de marrón o de varios tonos mezclados.

Los caballos de tiro son más resistentes que los de montar, tienen el cuello corto y arqueado y el pecho ancho y profundo.

Otro tipo de semental

DONDE VIVEN LOS CABALLOS

Los caballos pueden vivir bajo condiciones muy variadas. Viven en toda Norteamérica, desde México hasta el Canadá, pasando por los Estados Unidos. También sobreviven los fríos de Islandia y el calor de Arabia.

China es el primer país productor y los Estados Unidos, con 10 millones de caballos, el segundo del mundo.

Alrededor de 1900, los Estados Unidos tenían casi 20 millones de caballos.

Algunos caballos se crían en granjas donde hay también otros animales, pero la mayoría provienen de establecimientos de cría, o remonta, especiales.

Un criadero de caballos, en Illinois

LAS DISTINTAS RAZAS DE CABALLOS

El primer caballo domado, o domesticado, probablemente fue el tarpán salvaje; que vivía en Europa y hoy está **extinguido.**

Partiendo de esos caballos domesticados, se desarrollaron otros de varios colores, tamaños y formas. Cata tipo es una **raza.** Hoy existen más de cien razas distintas de caballos.

El de pura raza árabe y el de pura raza inglés, son caballos de carrera. El de media sangre es el favorito de los vaqueros y el caballo belga, de casi 900 kilos de peso, es un fuerte y manso caballo de tiro.

El pony de Islandia

Caballos de pura
sangre

Yegua belga

CABALLOS SALVAJES

Los primeros caballos de Norteamérica eran del tamaño de perros y vivieron hace unos 50 millones de años. Con el paso del tiempo, los caballos fueron creciendo.

Esos caballos desaparecieron de Norteamérica ya hace mucho y los que hoy llamamos "caballos salvajes" o cimarrones, son parientes de caballos domésticos que se escaparon de las granjas.

Hay caballos cimarrones, medio salvajes, viviendo en las secas llanuras del oeste.

Los verdaderos caballos salvajes, son el Przewalski, el onagro y el kiang de Asia. El asno africano y las cebras también son caballos salvajes de África.

El caballo salvaje Przewalski

LOS POTRILLOS

Los hijos de los caballos se llaman **potrillos.** A poco de nacer, ya pueden pararse en sus tambaleantes y largas patas y, en pocas horas más, pueden corretear algo.

Al cumplir un año, un caballo está ya medio crecido. Los **potros** son los machos jóvenes, mientras que las **potrancas** son las hembras.

A los cinco años el caballo alcanza su tamaño máximo. Las hembras maduras se llaman **yeguas** y los machos que se destinan a la cría, **sementales.**

Los caballos viven de 20 a 30 años.

Una yegua con su potrillo

COMO SE CRÍAN LOS CABALLOS

Cuando hace buen tiempo, los caballos pastorean en campos cercados, llamados **potreros.** A los caballos también se les de forraje y granos como alimento.

Los caballos viven en establos individuales, que los separan uno de otro por medio de paredes. En esos establos, los caballos son peinados y cepillados frecuentemente. El cuidado de estos animales incluye ponerles herraduras en los cascos—una especie de anillos metálicos chatos—que les protegen los cascos cuando caminan o galopan sobre superficies duras.

*Caballos de media sangre
y de pura sangre*

QUÉ HACEN LOS CABALLOS

Los caballos son animales muy inteligentes, tienen buena memoria y aprenden a obedecer varias órdenes distintas.

Pero también son bastante nerviosos: hasta una sombra los asusta muchísimo, haciéndolos correr desbocados.

Por eso, los dueños de caballos de tiro les ponen anteojeras, las que se atan a las tiras de cuero del apero de cabeza del caballo; para que éste no pueda ver hacia los costados.

Los sementales son animales muy fuertes, fácilmente excitables, que suelen patear o morder más frecuentemente que las yeguas.

Caballos belgas de tiro

PARA QUÉ SE USAN LOS CABALLOS

En estos momentos, en los Estados Unidos hay la mitad de los caballos que habían en 1910.

Al principio del siglo 20, los coches y los "caballos de hierro"—el tren—desplazaron a los caballos.

Pero éstos aún son muy populares para deportes tales como el polo y las carreras. Un caballo puede recorrer un kilómetro y medio en alrededor de un minuto y medio. Además, los caballos también se montan para hacer equitación.

En unas pocas granjas, todavía son utilizados para arar o tirar de carretas.

GLOSARIO

crines — la cabellera de un caballo, que le corre a lo largo del cuello, desde la frente hasta los hombros

doméstico — domado y criado por el hombre

extinguido — algo que ha desaparecido para siempre, que ya no existe más

potranca — hembra joven del caballo

potrero — lugar al aire libre, no muy grande, donde pastorean los caballos

potrillo — un caballo recién nacido

potro — caballo macho joven

raza — grupo de animales emparentados entre sí, producidos por el hombre; un tipo de caballo doméstico

semental — macho adulto del caballo

tiro — caballo de, animal que trabaja para el hombre, sobretodo, tirando de objetos pesados como el arado

yegua — hombra adulta del caballo

ÍNDICE ALFABÉTICO